ΡΟΔΟΣ   RHODES

ΧΑΛΚΗ   CHALKI

ΣΥΜΗ   SYMI

Όπως πετάει ο γλάρος *As the seagull flies*

Τοπόσημο της Ρόδου, το παλάτι του Μεγάλου Μαγίστρου είναι ένα κτήριο επιβλητικό με τις διαστάσεις του και τη μορφή του.

Αν και σχεδόν πλήρως ανακατασκευασμένο στα τέλη της δεκαετίας του ΄30 το ιπποτικό παλάτι, χαρίζει στην πόλη μια ρομαντική ατμόσφαιρα μεσαιωνικού παραμυθιού.

The landmark of Rhodes, the palace of the Grand Master, is an imposing building as to its size and shape.

Although it was almost fully reconstructed in the late 30s' the knights' palace provides the romantic atmosphere of a medieval fairytale to the city.

4

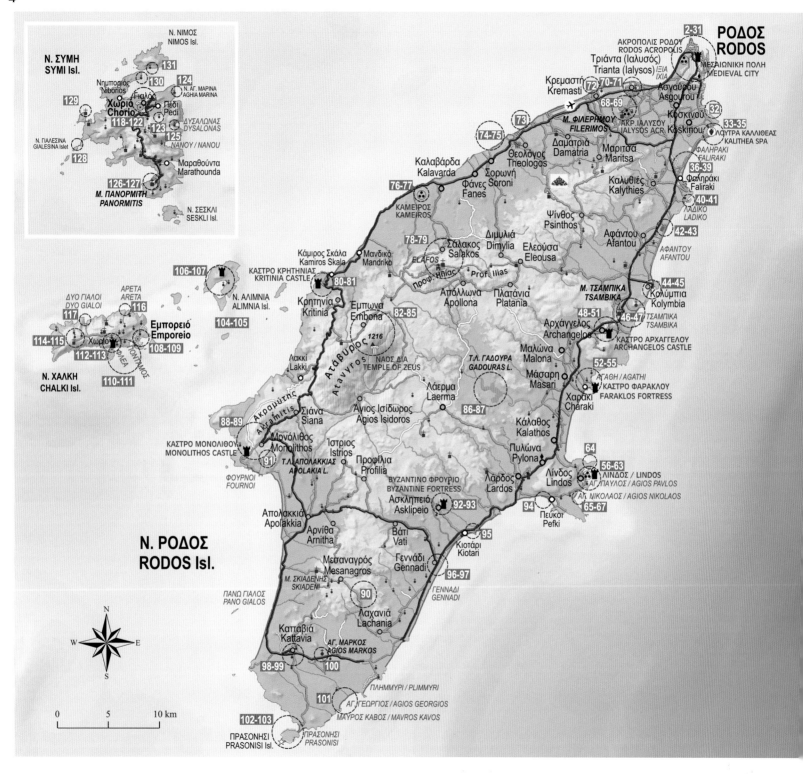

Map labels

Ν. ΣΥΜΗ
SYMI Isl.

Ν. ΝΙΜΟΣ
NIMOS Isl.

131
130
124
Νημποριός
Niborios
Γιαλός
Ν. ΑΓ. ΜΑΡΙΝΑ
AGHIA MARINA

129
Χωριά
Chorio
Πέδι
Pedi
118-122
123
ΔΥΣΑΛΩΝΑΣ
DYSALONAS

Ν. ΓΙΑΛΕΣΙΝΑ
GIALESINA Islet
125
ΝΑΝΟΥ / NANOU

128
Μαραθούντα
Marathounda

126-127
Μ. ΠΑΝΟΡΜΙΤΗ
PANORMITIS

Ν. ΣΕΣΚΛΙ
SESKLI Isl.

2-31
ΡΟΔΟΣ
RODOS

ΑΚΡΟΠΟΛΙΣ ΡΟΔΟΥ
RODOS ACROPOLIS
Τριάντα (Ιαλυσός)
Trianta (Ialysos) ΙΞΙΑ IXIA
ΜΕΣΑΙΩΝΙΚΗ ΠΟΛΗ
MEDIEVAL CITY

Κρεμαστή
Kremasti
72
70-71
Ασγούρου
Asgourou
32

68-69
Κοσκινού
Koskinou
33-35

73
Μ. ΦΙΛΕΡΗΜΟΥ
FILERIMOS
ΑΚΡ. ΙΑΛΥΣΟΥ
IALYSOS ACR.
ΛΟΥΤΡΑ ΚΑΛΛΙΘΕΑΣ
KALITHEA SPA

74-75
Θεολόγος
Theologos
Δαματριά
Damatria
Μαρίτσα
Maritsa
ΦΑΛΗΡΑΚΙ
FALIRAKI

Καλαβάρδα
Kalavarda
Σορωνή
Soroni
Καλυθιές
Kalythies
36-39
Φαληράκι
Faliraki

Φάνες
Fanes
40-41
ΛΑΔΙΚΟ
LADIKO

76-77
Ψίνθος
Psinthos
Αφάντου
Afantou
42-43

ΚΑΜΕΙΡΟΣ
KAMEIROS
Διμυλιά
Dimylia
Ελεούσα
Eleousa
ΑΦΑΝΤΟΥ
AFANTOU

78-79
Σάλακος
Salakos
Μ. ΤΣΑΜΠΙΚΑ
TSAMBIKA

Κάμιρος Σκάλα
Kamiros Skala
Μανδικό
Mandriko
ΕΛΑΦΟΣ
ELAFOS
44-45
Κολύμπια
Kolymbia

106-107
ΚΑΣΤΡΟ ΚΡΗΤΗΝΙΑΣ
KRITINIA CASTLE
80-81
προφ. Ηλίας
Prof. Ilias
48-51
46-47
ΤΣΑΜΠΙΚΑ
TSAMBIKA

ΔΥΟ ΓΙΑΛΟΙ
DYO GIALOI
ΑΡΕΤΑ
ARETA
Ν. ΑΛΙΜΝΙΑ
ALIMNIA Isl.
Κρητηνία
Kritinia
Απόλλωνα
Apollona
Πλατάνια
Platania
Αρχάγγελος
Archangelos
ΚΑΣΤΡΟ ΑΡΧΑΓΓΕΛΟΥ
ARCHANGELOS CASTLE

117
116
Εμπωνα
Embona
82-85

104-105
1216
Μαλώνα
Malona
52-55

Εμπορειό
Emporeio
ΝΑΟΣ ΔΙΑ
TEMPLE OF ZEUS
Μάσαρη
Masari
ΑΓΑΘΗ / AGATHI
ΚΑΣΤΡΟ ΦΑΡΑΚΛΟΥ
FARAKLOS FORTRESS

114-115
Χωριό
108-109
Λάκκι
Lakki
Λάερμα
Laerma
Χαράκι
Charaki

112-113
110-111
ΠΟΝΤΑΜΟΣ
Ατάβυρος
Atavyros
Τ.Λ. ΓΑΔΟΥΡΑ
GADOURAS L.
Κάλαθος
Kalathos

Ν. ΧΑΛΚΗ
CHALKI Isl.
Σιάνα
Siana
Άγιος Ισίδωρος
Agios Isidoros
86-87
Πυλώνα
Pylona

88-89
Ακραμύτης
Akramitis
Μονόλιθος
Monolithos
Ίστριος
Istrios
64
56-63
ΛΙΝΔΟΣ / LINDOS

ΚΑΣΤΡΟ ΜΟΝΟΛΙΘΟΥ
MONOLITHOS CASTLE
91
Τ.Λ. ΑΠΟΛΑΚΚΙΑΣ
APOLAKIA L.
Προφίλια
Profilia
Λάρδος
Lardos
Λίνδος
Lindos
ΑΓ. ΠΑΥΛΟΣ / AGIOS PAVLOS

ΦΟΥΡΝΟΙ
FOURNOI
ΒΥΖΑΝΤΙΝΟ ΦΡΟΥΡΙΟ
BYZANTINE FORTRESS
ΑΓ. ΝΙΚΟΛΑΟΣ / AGIOS NIKOLAOS

Απολακκιά
Apolakkia
Ασκληπειό
Asklipeio
92-93
94
Πεύκοι
Pefki
65-67

Αρνίθα
Arnitha
Βάτι
Vati
95

Ν. ΡΟΔΟΣ
RODOS Isl.
Μεσαναγρός
Mesanagros
Γεννάδι
Gennadi
Κιοτάρι
Kiotari
96-97

Μ. ΣΚΙΑΔΕΝΗΣ
SKIADENI
90
ΓΕΝΝΑΔΙ
GENNADI

ΠΑΝΩ ΓΙΑΛΟΣ
PANO GIALOS
Λαχανιά
Lachania

Κατταβιά
Kattavia
ΑΓ. ΜΑΡΚΟΣ
AGIOS MARKOS

98-99
100

101
ΠΛΗΜΜΥΡΙ / PLIMMYRI

102-103
ΑΓ. ΓΕΩΡΓΙΟΣ / AGIOS GEORGIOS
ΜΑΥΡΟΣ ΚΑΒΟΣ / MAVROS KAVOS

ΠΡΑΣΟΝΗΣΙ
PRASONISI Isl.
ΠΡΑΣΟΝΗΣΙ
PRASONISI

N
W E
S

0   5   10 km

Ρόδος, Χάλκη, Σύμη

Το καλοκαίρι του 2011 πετάξαμε πάνω από τρία νησιά της Δωδεκανήσου: τη Ρόδο, το μεγαλύτερο και πιο εύφορο, τη Σύμη και τη Χάλκη, δορυφόρους της Ρόδου, νησιά άγονα, γνωστά, κυρίως, από τους υπέροχους παραδοσιακούς οικισμούς τους.

Η Ρόδος με το ποικιλόμορφο τοπίο της, τα ψηλά βουνά –αλλού φαλακρά και αλλού πυκνά δασωμένα-, τις απέραντες αμμουδιές, τα ποτάμια, τις κοιλάδες και τις τεχνητές σύγχρονες λίμνες της, γνώρισε τρεις περιόδους μεγάλης ακμής στη μακραίωνη ιστορία της: την ελληνιστική, την περίοδο της Ιπποτοκρατίας και της Ιταλοκρατίας.

Η πρώτη ξεκίνησε το 408 π.Χ., όταν τρεις πόλεις–κράτη, η Λίνδος, η Ιαλυσός και η Κάμιρος, συνενώθηκαν σε μία. Η νέα πόλη, η Ρόδος, κτίστηκε στην πιο προνομιούχα θέση του νησιού, το βορειότερο άκρο της, που διέθετε πέντε φυσικά λιμάνια, κατάλληλα για προσάραξη με οποιαδήποτε καιρική συνθήκη. Επιπλέον, προικίστηκε με τέλειο πολεοδομικό σχεδιασμό, ευθείς και φαρδιούς διασταυρούμενους δρόμους, κατά το ιπποδάμειο σύστημα, με αποχετευτικό και υδρευτικό σύστημα, που προκαλούν και σήμερα το θαυμασμό, ισχυρά τείχη που την προστάτεψαν το 305 π.Χ. από την πολιορκία του Δημητρίου του Πολιορκητή. Στολίστηκε με ναούς, δημόσια κτήρια και αγάλματα, όπως ο Κολοσσός της Ρόδου, χάλκινο άγαλμα του θεού Ήλιου, που συγκαταλεγόταν στα Επτά Θαύματα του Κόσμου.

Η κομβική για τους θαλάσσιους δρόμους της Μεσογείου θέση της, κατέστησε τη Ρόδο πρωτοπόρο στη ναυτιλία· σε αυτήν οφείλεται ο «Νόμος Ροδίων Ναυτικός», ναυτικό δίκαιο, διατάξεις του οποίου είναι ακόμα ενσωματωμένες στο διεθνές ναυτικό δίκαιο. Ο πλούτος που συσσωρεύτηκε στο νησί οδήγησε και στην πολιτιστική άνθησή του. Η γλυπτική και η ρητορική είναι μεταξύ των ονομαστών επιδόσεων των Ροδίων.

Ακολούθησαν περίοδοι παρακμής, χωρίς, όμως, το νησί να χάσει ποτέ τα πρωτεία του στην περιοχή και τη σημασία του. Παλαιοχριστιανικές βασιλικές και βυζαντινοί ναοί, ενοριακοί, καθολικά μοναστηριών και ιδιωτικά παρεκκλήσια, βρίσκονται διάσπαρτα παντού στο νησί.

Πιο αισθητά κάνουν, την παρουσία τους τα απομεινάρια

Rhodes, Chalki, Symi

In the summer of 2011 we flew over three islands of the Dodecanese: Rhodes, the largest and most fertile, Symi and Chalki, satellites of Rhodes, barren islands known mostly for their magnificent traditional villages.

Rhodes with its diverse landscape, the high mountains - in places barren and elsewhere smothered by dense forests -, endless sandy beaches, rivers, the valleys and artificial modern lakes, experienced three periods of prosperity during its long history: the Hellenistic, the period of the Knights' rule and of the Italian rule.

The first period started in 408 B.C., when three city-states, Lindos, Ialisos and Kamiros, united in one. The new city, Rhodes, was built on the most privileged location of the island, at its northern edge, which had five natural harbours, suitable for mooring regardless of the weather conditions. Furthermore, it featured perfect urban planning, with straight and wide intersecting roads, in accordance to the Hippodamian system, with sewerage and water supply system that cause admiration to this day, strong walls that protected the city in 305 B.C from the siege of Demetrius Poliorkitis (Besieger). It was adorned with temples, public buildings and statues, such as the Colossus of Rhodes, a bronze statue of god Sun, which was one of the Seven World Wonders.

Its central location for the sea routes of the east Mediterranean made Rhodes a pioneer in shipping. The «Nomos Rodion Naftikos» (Rhodes Marine Law), the provisions of which are still incorporated in international marine law, is attributed to Rhodes. The wealth that accumulated on the island also led to its cultural flourishing. The people of Rhodes were famous for their sculpture and rhetoric.

Periods of decadence followed, though without the island ever loosing its leading role and significance in the area. Early Christian basilicas and Byzantine churches, parochial, catholic monasteries and private chapels, are scattered all over the island.

The remnants of the Knights of Saint John of Malta period

της περιόδου των Ιπποτών του Αγίου Ιωάννου της Μάλτας. Οι Ιππότες, που παρέμειναν στη Ρόδο από το 1309 μέχρι και το 1522, της κληροδότησαν τη Μεσαιωνική πόλη της Ρόδου, την καλύτερη διατηρημένη στο σύνολό της μεσαιωνική πόλη στον κόσμο, και πολλά ακόμα κάστρα και φρούρια σε όλη την ύπαιθρο του νησιού. Μαζί, της κληροδότησαν και ένα «αέρα» δυτικοευρωπαϊκό, που φάνηκε να «πνέει» στην τέχνη, κυρίως την αρχιτεκτονική αλλά και τη ζωγραφική, καθώς και στον τρόπο ζωής των αστών του νησιού.

Η Οθωμανική περίοδος, 1523-1912, έβαλε τις δικές της πινελιές, μιναρέδες, χαμάμ, νεκροταφεία, που «πάντρεψαν» τα δυτικότροπα κτήρια της περιόδου των Ιπποτών με την Ανατολή. Η ύπαιθρος, πάντως, φαίνεται πως αντιστάθηκε σθεναρά και κράτησε πάντα μια φυσιογνωμία πιο πιστή στη βυζαντινή παράδοση, όπως δείχνουν τα σωζόμενα εκκλησάκια.

Οι τελευταίοι κατακτητές της, οι Ιταλοί, που έμειναν στη Ρόδο από 1912 έως το 1943, δείχνουν να «λάτρεψαν» το νησί. Και καθώς πίστεψαν πως πάντα θα είναι δικό τους, άφησαν έντονα τα δείγματα της εύνοιάς τους προς αυτό. Ιταλικά κτήρια κοσμούν τη νέα πόλη και στεγάζουν και σήμερα ακόμα τις υπηρεσίες της: θέατρα, ξενοδοχεία, Νομαρχία, τράπεζες, Δήμος, κλπ.. Ιταλικά γεφύρια και δρόμοι εξυπηρετούν ακόμα την ύπαιθρο. Τα Ιαματικά Λουτρά της Καλλιθέας, οι Ιταλικές αγροτικές εγκαταστάσεις –Εφτά Πηγές, Κολύμπια, Ελεούσα, Άγιος Μάρκος Κατταβιάς, κα.- κάνουν έντονο το πέρασμα των Ιταλών σε όλο το νησί

Η Χάλκη, έξι μόλις ναυτικά μίλια από τη Ρόδο, μπορεί να θεωρηθεί προέκταση της υπαίθρου της. Η ιστορία της είναι άμεσα συνδεδεμένη με αυτήν του μεγάλου νησιού. Παράλληλα, ωστόσο, όπως και κάθε νησί, που είναι περιχαρακωμένο από το υγρό στοιχείο που το περιβάλλει, ανέπτυξε μια ξεχωριστή, μοναδική φυσιογνωμία.

Στην ελληνιστική εποχή γνώρισε πληθυσμιακή ακμή, όπως δείχνουν τα αρχαιολογικά κατάλοιπα στην περιοχή του Χωριού, αλλά και στην ύπαιθρο του νησιού. Το μεσαίωνα, και μάλιστα την περίοδο της Ιπποτοκρατίας, κατοικήθηκε η ενδοχώρα από άκρη σε άκρη του νησιού. Ως αποτέλεσμα, σήμερα η ύπαιθρος της Χάλκης είναι ένα απέραντο μεσαιωνικό αρχαιολογικό πάρκο, διάσπαρτο με μικρά «χωριά», που συναπαρτίζονται από ένα εκκλησάκι, μερικές κύφες, όπως αποκαλούνται οι μεσαιωνικές καλύβες της Χάλκης, αλώνια, στέρνες, κα. Το μεσαιωνικό κάστρο, στο Χωριό, αποδεικνύει τη συμμετοχή της Χάλκης στο οχυρωματικό δίκτυο του νησιωτικού κράτους των Ιπποτών. Το ερειπωμένο μεσαιωνικό –μεταβυζαντινό Χωριό, αποτελεί ένα ακόμα παράδειγμα οικισμού αθέατου από τη θάλασσα για το φόβο των πειρατών. Τέλος, ο νεοκλασικός οικισμός του νησιού, ο Εμπορειός, σήμερα μοναδικός οικισμός του και λιμάνι, μαρτυρά την ακμή που γνώρισε η Χάλκη το 19ο αιώνα, βασισμένη στη σπογγαλιεία και το εμπόριο των σφουγγαριών.

Σπογγοπαραγωγό νησί είναι και η Σύμη, φημισμένο για τους βουτηχτάδες του, που την αξιοσύνη τους θαύμασαν οι περιηγητές ήδη από το 17ο αιώνα.

Ο εντυπωσιακός σε κλίμακα νεοκλασικός οικισμός της βρίσκεται σκαρφαλωμένος σε πλαγιά υψηλού λόφου που περικλείει το λιμάνι σχεδόν απ' όλες τις πλευρές του. Με την ομορφιά και το μεγαλείο του κόβει την ανάσα στον επισκέπτη που τον πρωτοαντικρίζει, αποτελώντας συνάμα αδιάψευστο μάρτυρα της ακμής της ναυτιλίας και της σπογγαλιείας στο νησί κατά το 19ο αιώνα, κύρια εποχή ανάπτυξής του.

Την ακμή της περιόδου της Τουρκοκρατίας μαρτυρούν και τα πολλά μοναστήρια του: ο Πανορμίτης, από τα σημαντικότερα προσκυνήματα της Δωδεκανήσου, ο Μικρός και ο Μεγάλος Σωτήρης, ο Ρουκουνιώτης, κα.

Από την εποχή της Ιπποτοκρατίας απομένουν τα λείψανα ενός κάστρου μέσα στον οικισμό, λίγα εκκλησάκια, «βυζαντινά», ωστόσο, σε φυσιογνωμία, καθώς και πέτρινα πατητήρια που, μαζί με την πληροφορία του περιηγητή Buondelmonti για το ωραίο κρασί της Σύμης, μαρτυρούν την άνθηση της αμπελουργίας στο νησί αυτή την εποχή. Για την πριν την Ιπποτοκρατία περίοδο αλλά και για τα αρχαία χρόνια τα λείψανα είναι λιγοστά, ωστόσο, υπαρκτά, ώστε να συνθέτουν το παζλ της διαχρονικότητας και συνεχούς κατοίκησης και αυτού του νησιού.

Δρ. Μαρία Ζ. Σιγάλα, αρχαιολόγος

have an even more sensational presence on the island. The Knights, who stayed in Rhodes from 1309 to 1522, left behind them the medieval city of Rhodes, the best preserved in its whole (ditch, walls, buildings) medieval city in the world, as well as many castles and fortresses in the countryside of the island. Furthermore, they also left behind them a west-european «air» that showed its presence in the arts, mainly in architecture and painting, as well as in the way of living of the bourgeois of the island.

The Ottoman period, 1523-1912, left its own traits, minarets, Turkish baths, cemeteries, that linked the western-style buildings of the Knights' period to the East. However, the countryside seems to have resisted and maintained a character more attached to the Byzantine tradition, as demonstrated by the preserved chapels.

Its last conquerors, the Italians, who stayed on Rhodes from 1912 to 1943, seem to have «worshipped» the island. And as they believed that it will be theirs for ever, they left behind them very characteristic examples of their favour to the island. Italian buildings adorn the new city and house to this day its services: theatres, hotels, the Prefecture, banks, the Municipality, etc. Italian bridges and streets still serve the countryside. The Spas of Kallithea, the Italian agricultural premises - Efta Piges, Kolympia, Eleousa, Agios Markos Kattavias, etc. - vividly demonstrate the passing of the Italians on the entire island.

Chalki, just six nautical miles from Rhodes, may be considered as the extension of its countryside. Its history is directly linked to that of the big island. At the same time, though, as any other island surrounded by the sea, it developed a special, unique identity.

During the Hellenistic era it had population growth, as evidenced by the archaeological remnants in the Chorio area, as well as in the countryside of the island. In the Middle Ages, and indeed, during the Knights' rule, the mainland was populated from the one edge of the island to the other. As a result of that, nowadays the Chalki countryside is a vast medieval archaeological park, full of hamlets, made up of a chapel, a few «kyfes», as the Chalki medieval huts are called, threshing floors, cisterns etc. The medieval castle, at Chorio, proves the participation of Chalki in the fortress network of the isle state of the Knights. The abandoned medieval - post-Byzantine Chorio, is yet another example of an «invisible» village from the sea front, for the fear of pirates. Finally, the neoclassical village of the island, Emporeios, the only village and port of Chalki to this day, demonstrates the prosperity of Chalki in the 19th century based on sponge fishing and sponge trading.

Symi too is a sponge-producing island, famous for its divers, whose skills have been admired by travellers since the 17th century.

The impressive, in its scale, neoclassical village of the island is located on the slope of high hill enclosing the port from almost every side. With a breathtaking beauty and grandeur for the first time visitor, it is at the same time an undoubted proof of the marine and sponge fishing prosperity on the island in the 19th century, the main era of its growth.

The heyday of the period of the Turkish Domination is also evidenced by its many monasteries: Panormitis, one of the most significant pilgrimages of the Dodecanese, Mikros and Megalos Sotiris, Roukouniotis, etc.

The Period of the Knights has left the remnants of a castle within the village, a few chapels, yet «Byzantine» in character, as well as its stone wine-presses which, along with the praise of traveller Buondelmonti on the nice wine of Symi, evidence the development of viticulture on the island on that period. For the era preceding that of the Knights, as well as for antiquity the ruins are scarce, yet existent, so as to complete the picture of the diachronic nature and continuous habitation of this island too.

Dr. Maria Z. Sigala, Archaeologist

Στο χώρο της ακρόπολης της Ρόδου, που υψώνεται κλιμακωτά πάνω απ' την πόλη, υπήρχαν ιερά, ωδείο, γυμνάσιο, στάδιο, στοά, βιβλιοθήκη τριγυρισμένα από άλση. Στο ψηλότερο σημείο της ακρόπολης στέκουν (αναστηλωμένοι) τέσσερεις πώρινοι κίονες από το ναό του Πυθίου Απόλλωνα, θεού του φωτός, της μουσικής αλλά και της μαντικής, που σύμφωνα με τους Ορφικούς Ύμνους κάνει τα πάντα ορατά, αλλά και τα πάντα βλέπει.

In the area of the acropolis of Rhodes, which rises incrementally above the city, there were sanctuaries, odeon, gymnasium, stadium, gallery, library all surrounded by groves.
On the highest point of the acropolis stand the four limestone pillars from the temple of Pythios Appolon, god of light, music, but of divination too, who, according to the Orphic Hymns makes everything visible and sees all.

Πίσω από το Μανδράκι, τη γραφική μαρίνα που ήταν το αρχαίο πολεμικό λιμάνι, απλώνεται το βορειότερο τμήμα της μεσαιωνικής πόλης της Ρόδου, το Κάστρο ή Κολλάκιο, που είχε δική του ξεχωριστή οχύρωση στα χρόνια των Ιπποτών. Εδώ βρίσκονταν όλα τα επίσημα κτήρια του Τάγματος: το παλάτι του Μεγάλου Μαγίστρου, τα Καταλύματα των Γλωσσών, το Νοσοκομείο των Ιπποτών, ο Αγιος Ιωάννης του Κολλάκιου. Λίγο έχει αλλάξει το σκηνικό από τα χρόνια των Ιπποτών, με πιο φανερές προσθήκες τους μιναρέδες που υψώθηκαν στα χρόνια της Τουρκοκρατίας.

Behind Mandraki, the picturesque marina that used to be the ancient military port, lies the northern part of the medieval city of Rhodes, Castro or Kollakio, which had its own special fortification in the Knights' era. Here were all the official buildings of the Order: the palace of the Grand Master, the Street of the Knights, the Knight's Hospital, Saint John of Kollakio. Little has changed in the scenery since the era of the Knights, with most noticeable being the additions of the minarets built in the period of the Turkish Domination.

Στην άκρη του μώλου που κλείνει το Μανδράκι στέκει ο Πύργος του Αγίου Νικολάου, κομβική οχύρωση για την άμυνα της Μεσαιωνικής πόλης. Από το 1863, φιλοξενεί μέσα στο τείχος του τον ομώνυμο φάρο, που κατασκευάστηκε από τη Γαλλική Εταιρεία Φάρων.

Σήμα κατετεθέν της Ρόδου, δυο χάλκινα ελάφια (ένα αρσενικό κι ένα θηλυκό) στέκουν στην είσοδο του λιμανιού, από τις δυο μεριές της μπούκας.

At the end of the pier that encloses Mandraki stands the Tower of Aghios Nikolaos, a central fortification for the defence of the Medieval city. Since 1863, in its walls stands the homonymous lighthouse, built by the French Lighthouse Company.

The trademark of Rhodes, two bronze deer (a male and a female) stand on the two sides of the entrance of the port.

Στον πυρήνα της σημερινής πόλης της Ρόδου, βρίσκεται ένα μοναδικό αρχιτεκτονικό σύνολο, η μεσαιωνική πόλη της Ρόδου, που από το 1988 έχει κηρυχθεί Μνημείο της Παγκόσμιας Πολιτιστικής Κληρονομιάς από την UNESCO. Η περιτειχισμένη μεσαιωνική πόλη της Ρόδου, χτίστηκε πάνω σε τμήμα της ελληνιστικής πόλης και της οχυρωμένης βυζαντινής.

Τα τείχη της μεσαιωνικής πόλης, που εξελίσσονταν σε όλη τη διάρκεια της Ιπποτοκρατίας, έχουν μήκος περίπου 4 χιλ., είναι ενισχυμένα με πύργους και προμαχώνες και περιβάλλονται από πλατιά τάφρο.

Μέσα από τα τείχη διατηρούνται πλήθος κοσμικών κτηρίων, κυρίως από την τελευταία περίοδο της Ιπποτοκρατίας, χτισμένα με πωρόλιθο σε γοτθικό ρυθμό και μεγάλος αριθμός εκκλησιών οι οποίες ακολουθούν κυρίως βυζαντινούς αρχιτεκτονικούς τύπους. Από την περίοδο της Οθωμανικής κυριαρχίας σώζονται τζαμιά και διάφορα κοινωφελή κτήρια, όπως χαμάμ, ιμαρέτ, μεντρεσές κα.

Στο μώλο του εμπορικού λιμανιού, το κρουαζιερόπλοιο Costa Concordia σ ένα από τα τελευταία του ταξίδια.

In the heart of the modern city of Rhodes, is a unique architectural set, the medieval city of Rhodes, which has been declared a World Heritage Monument by UNESCO since 1988. The fortified medieval city of Rhodes, was built on a part of the Hellenistic city and of the fortified Byzantine city.

The walls of the medieval city, which were expanded throughout the Knights' rule, are approximately 4 km long, fortified with towers and bastions and they are surrounded by a wide ditch.

Inside the walls numerous secular buildings are preserved, mainly from the latest period of the Knight's rule, built of tuff limestone in Gothic style, as well as many churches, which mainly follow the Byzantine architectural styles. Mosques and various public buildings are preserved from the period of the Ottoman rule, such as Turkish baths, imaret, medreses etc.

At the pier of the trading port, the cruise ship Costa Concordia in one of its last cruises.

Η οδός Σωκράτους, διαχρονικός δρόμος της αγοράς και παζάρι της Οθωμανικής περιόδου, ξεκινά από τη Θαλασσινή Πύλη και καταλήγει στο επιβλητικό τέμενος του Σουλεϊμάν. Πίσω από το τζαμί διακρίνεται ο στιβαρός προμαχώνας του Αγίου Γεωργίου.

Η Θαλασσινή Πύλη, η ωραιότερη πύλη του κάστρου της Ρόδου, βρίσκεται μπροστά στο κεντρικό (εμπορικό) λιμάνι. Χτισμένη στα 1478, πλαισιώνεται από δύο ογκώδεις κυκλικούς πύργους με πολεμίστρες και πάνω από το άνοιγμά της φέρει εντοιχισμένα τα οικόσημα του Τάγματος, του βασιλικού οίκου της Γαλλίας και του P. Aubusson, καθώς και ανάγλυφη εικόνα της Παναγίας Βρεφοκρατούσας.

Socratous street, the diachronic street of the market and the bazaar of the Ottoman period, starts at Thalassini Pyli (Marine Gate) and ends at the imposing mosque of Suleiman. Behind the mosque the robust bastion of Saint George can be seen.

The Marine Gate, the nicest gate of the castle of Rhodes, is located in the front of the central (trading) port. Built in 1478, it is framed by two voluminous circular towers with battlements and above its opening it bears the built-in coats of arms of the Order, of the royal house of France and of P. Aubusson, as well as the embossed icon of Panagia Vrefokratousa (Virgin Mary holding the Holy Infant).

Το τζαμί του Σουλεϊμάν στην καρδιά της αγοράς της Παλιάς Πόλης χτίστηκε το 19ο αιώνα στη θέση παλαιότερου, αφιερωμένου στον Σουλεϊμάν το Μεγαλοπρεπή που κατέκτησε την πόλη στα 1522. Αριστερά, ο πύργος του Ρολογιού, κτίσμα επίσης της Οθωμανικής περιόδου στέκει πάνω σε τμήμα των βυζαντινών οχυρώσεων.

The Mosque of Suleiman in the heart of the market of the Old City was built in the 19th century, in the place where an older mosque stood, devoted to Suleiman the Magnificent, who conquered the city in 1522. To the left, the tower of the Clock, another building of the Ottoman period, stands on a section of the Byzantine fortifications.

Το Γενί Χαμάμ (Νέα Λουτρά) της Παλιάς Πόλης, που συνεχίζει μέχρι σήμερα να λειτουργεί, περιλαμβάνει μεγάλη αίθουσα με θόλο και μικρότερους χώρους που φωτίζονται από αστεροειδή ανοίγματα στη θολωτή οροφή τους.

The Geni Hammam (New Baths) of the Old City, that continues its operation to this day, includes a large room with a dome as well as smaller spaces lit by star-shaped openings on their dome-shaped roof.

Το Παλάτι του Μεγάλου Μάγιστρου κατασκευάστηκε από τους Ιωαννίτες ιππότες στη θέση της βυζαντινής ακρόπολης - πιθανόν και του αρχαίου ναού του Ηλιου.

Εκτός από κατοικία του εκάστοτε Μεγάλου Μάγιστρου ήταν και το διοικητικό κέντρο του Ιπποτικού κράτους, αλλά και ισχυρό οχυρό.

Ρημαγμένο ήδη από την Οθωμανική περίοδο, καταστράφηκε σχεδόν ολοσχερώς από έκρηξη παρακείμενης πυριτιδαποθήκης στα 1865. Το κτήριο που αντικρίζουμε σήμερα αναστηλώθηκε βάσει παλιών απεικονίσεων στην περίοδο της Ιταλοκρατίας και είναι επισκέψιμο για το κοινό.

The palace of the Grand Master was built by the Knights of Saint John at the location of the byzantine acropolis - possibly the location of the ancient temple of Helios (the Sun god).

Apart from residence of the Grand Master this also served as the administrative centre of the Knights' states also as a powerful fortress.

Already ruined since the Ottoman period, it was almost completely destroyed by the explosion of a neighbouring powder magazine in 1865. The building we see today was restored based on old displays in the period of the Italian rule and is open to the public.

Πανόραμα της πόλης της Ρόδου, με τα τρία λιμάνια της, Μανδράκι, Εμπορικό Λιμάνι και Ακαντιά και τη νέα μαρίνα στο αριστερό άκρο της εικόνας.

Η πόλη έχει σήμερα επεκταθεί προς τα νότια και έχει ενωθεί με τους οικισμούς Τριάντα (Ιαλυσός), Ασγούρου και Κοσκινού σε ένα πολεοδομικό συγκρότημα που ο πληθυσμός του ξεπερνά τις 100.000 κατοίκους. Σε πρώτο πλάνο οι παραλίες με τα μεγάλα ξενοδοχεία και το εμπορικό και διοικητικό κέντρο της πόλης.

A panorama of the city of Rhodes, with its three ports, Mandraki, Trading Port and Akantia and the new marina at the far left of the picture.

The city today has expanded to the south and includes the villages Trianta (Ialysos), Asgourou and Koskinou in an urban complex with a population of over 100,000 residents. In the foreground, the beaches with the grand hotels and the commercial and administrative centre of the city.

Χτισμένο στα πρώτα χρόνια της Ιταλοκρατίας, το Μεγάλο Ξενοδοχείο των Ρόδων (Grande Albergo delle Rose), είναι ένα από τα ιστορικά και συμβολικά κτήρια της πόλης. Διάσημος προορισμός για το διεθνές jet set της εποχής, είχε ονομαστεί "Όνειρο της Ανατολής". Στις αίθουσές του υπογράφηκε στα 1948 η συνθήκη ίδρυσης του κράτους του Ισραήλ. Το ξενοδοχείο παρέμεινε κλειστό από τα μέσα της δεκαετίας του '70 ως το 1999, οπότε αναβίωσε και λειτουργεί και πάλι ως πολυτελές ξενοδοχείο και καζίνο.

Built in the early years of the Italian rule the Grand Hotel of the Roses (Grande Albergo delle Rose), is one of the historical and emblematic buildings of the city. A famous destination for international jet-setters of the time, it has been called the "Dream of the East". In its halls the treaty establishing the state of Israel was signed. The hotel remained shut from the mid 70's to 1999, when it was refurbished and now operates again as a luxurious hotel and casino.

Η Νέα Αγορά, το πρωτότυπο πολυγωνικό οικοδόμημα με αραβικά στοιχεία, χτίστηκε επίσης από τους Ιταλούς. Είναι η καρδιά της εμπορικής κίνησης της πόλης, με περισσότερα από 200 μαγαζιά να στεγάζονται στις αψιδωτές στοές της.

The New Market, the original polygonal building with Arabic elements, was also built by the Italians. It is the heart of the commercial hub of the city, with more than 200 shops housed in its arched arcades.

Το ενυδρείο της Ρόδου, ιστορικό διατηρητέο μνημείο αρχιτεκτονικής με στοιχεία Art Deco, χτίστηκε στο μεσοπόλεμο σε σχέδιο ιταλού αρχιτέκτονα, στο βορειότερο ακρωτήρι της Ρόδου, την Ακρα των Μύλων. Σήμερα λειτουργεί ως ενυδρείο-μουσείο και ερευνητική μονάδα του Ελληνικού Κέντρου Θαλασσίων Ερευνών.

Στο ακρωτήρι των Μύλων, δίπλα στους ανεμόμυλους και τις πολυσύχναστες παραλίες της πόλης χτίστηκαν στις δεκαετίες του ΄60 και ΄70 μεγάλα ξενοδοχεία.

The Aquarium of Rhodes, a historical preserved monument of architecture with Art Deco elements, was built in the interwar period on the design of an Italian architect, on the northern cape of Rhodes, the Akra ton Mylon (cape of the mills). Today it operates as an aquarium - museum and a research unit of the Hellenic Centre of Marine Studies.

On the cape of the mills, next to the wind-mills and the busy beaches of the city, great hotels were built in the 60's and 70's.

Οι υπέροχες παραλίες της πόλης της Ρόδου.

The splendid beaches of the city of Rhodes.

Στην ανατολική ακτή, νότια από την πόλη, οι παραλίες εναλλάσσουν μικρούς αμμουδερούς ορμίσκους με βράχια σε παράξενους σχηματισμούς.

On the east coast, south to the city, the beaches are at places small sandy bays and elsewhere rocky with strange shapes.

Τα ιαματικά λουτρά της Καλλιθέας ήταν γνωστά από την αρχαιότητα. Οι πολυτελείς λουτρικές εγκαταστάσεις χτίστηκαν από τους Ιταλούς στα τέλη της δεκαετίας του '20 σε σχέδια του αρχιτέκτονα Pietro Lombardi.

Το κτηριακό σύμπλεγμα ανακαινίστηκε πρόσφατα και είναι επισκέψιμο για το κοινό. Στους χώρους του γίνονται εκθέσεις και εκδηλώσεις. Στο γραφικό λιμανάκι με τα υπέροχα νερά λειτουργεί οργανωμένη πλαζ με καφετέρια.

The spas of Kallithea have been known since antiquity. The luxurious spa premises were built by the Italians in the late 20's on designs of architect Pietro Lombardi.

The building complex has been recently renovated and is open to the public. In its areas exhibitions and events are held. On the picturesque harbour with the splendid waters there is an organised beach with a cafeteria.

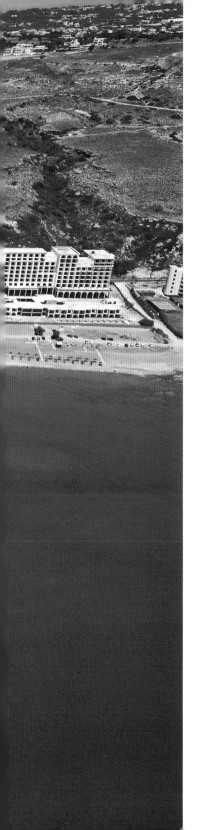

Το Φαληράκι είναι μια αμμουδιά μήκους 5,5 χλμ. πλαισιωμένη με μεγάλα ξενοδοχειακά συγκροτήματα και άφθονα μπαρ. Δημοφιλές τουριστικό θέρετρο της νεολαίας, το Φαληράκι διαθέτει όλες τις εξυπηρετήσεις για τα θαλάσσια σπορ και τη διασκέδαση.

Στο νότιο άκρο της παραλίας υπάρχει μικρή μαρίνα με ξωκλήσι των Αγίων Αποστόλων στην άκρη του μώλου.

Faliraki is a 5.5km long sandy beach, surrounded by big hotel complexes and plenty of bars. A famous tourist resort for the young, Faliraki provides all facilities for water sports and entertainment.

On the south end of the beach there is a small marina with the chapel of Aghioi Apostoli at the end of the pier.

38

Θαλάσσια σπορ στο Φαληράκι.

Water sports in Faliraki.

Νότια από το Φαληράκι κρύβονται δύο υπέροχες παραλίες τριγυρισμένες από πεύκα και φοίνικες,. Αριστερά, η επονομαζόμενη "Αντονυ Κουίν" σε ανάμνηση του ηθοποιού που είχε αγοράσει έκταση εδώ και δεξιά, η παραλία Λαδικό.

South of Faliraki lie two fantastic beaches surrounded by pines and palm trees. To the left, the so called "Antony Quinn" beach in memory of the actor who had bought land here, and to the right the Ladiko beach.

Το γήπεδο γκολφ στ΄ Αφάντου, σε παραλιακή έκταση του ομώνυμου οικισμού, σχεδιάστηκε από τον διάσημο αρχιτέκτονα γηπέδων γκολφ, Donald Harradine και λειτουργεί από το 1973.

The golf court at Afantou, on a beach area of the Afantou village, was designed by the famous golf courts architect, Donald Harradine and operates since 1973.

Πρότυπος γεωργικός οικισμός δημιουργημένος από τους Ιταλούς στις αρχές του 20ου αιώνα, τα Κολύμπια εξελίχθηκαν σταδιακά σε τουριστικό θέρετρο. Δίπλα στη μεγάλη αμμουδιά βρίσκεται το γραφικό ψαρολίμανο.

A model agricultural village created by the Italians in the early 20th century, Kolybia gradually transformed into a tourist resort. The picturesque fishing harbour lies by the great sandy beach.

Η Παναγία η Τσαμπίκα είναι το πιο διάσημο μοναστήρι της Ρόδου. Η παλαιά μονή βρίσκεται στην κορυφή λόφου, πάνω από την ομώνυμη παραλία. Στην ίδια θέση υπήρχε στα αρχαία χρόνια ναός της Αρτεμης. Η νέα μονή βρίσκεται χαμηλότερα, δίπλα στον εθνικό δρόμο.

Panagia Tsabika is the most famous monastery in Rhodes.
The old monastery is located on the top of the hill, above the beach with the same name. A temple devoted to Artemis used to be on the same location in antiquity.
The new monastery is located lower, by the national highway.

Μεσαιωνικό χωριό, η Αρχάγγελος είναι χτισμένη ανάμεσα σε υψώματα που την κάνουν αθέατη από τη θάλασσα, πλαισιωμένη από αμπέλια και οπωρώνες. Στην άκρη του οικισμού δεσπόζει το ομώνυμο κάστρο.

A medieval village, Archangelos is built amidst hills that make it invisible from the sea, surrounded by vines and orchards. At the edge of the village stands the Archangelos castle.

Ο ναός του Αρχαγγέλου Μιχαήλ, από τον οποίο πήρε και το όνομά του ο οικισμός, με το περίτεχνο καμπαναριό του.

Πλακόστρωτο μονοπάτι οδηγεί στο Κάστρο της Αρχαγγέλου, που χτίστηκε από τους Ιωαννίτες Ιππότες στο 15ο αιώνα.

The church of Archangel (Archangelos) Michael, that gave its name to the village, with its elaborate steeple.

A paved path leads to the Castle of Archangelos, built by the Knights of Saint John in the 15th century.

Το κάστρο του Φαρακλού (ή της Φεράκλου) χτίστηκε στα χρόνια της Ιπποτοκρατίας στη θέση παλιότερου βυζαντινού κάστρου.

Η παραλία Αγάθη, με την ψιλή άμμο και τα διάφανα νερά, στα πόδια του λόφου του Φαρακλού.

The castle of Faraklou (or Feraklou) was built in the period of the Knights at the location of a former byzantine castle.

The Agathi beach, with the fine sand and the crystal waters, under the hill of Faraklou.

Το Χαράκι είναι μικρό τουριστικό θέρετρο, δίπλα στη φαρδιά εκβολή ξεροπόταμου. Στη θέση αυτή έχουν βρεθεί λείψανα παλαιοχριστιανικής βασιλικής, ψηφιδωτά δάπεδα και ζαχαρόμυλος της περιόδου της Ιπποτοκρατίας.

Επόμενη σελιδα: Ο οικισμός της Λίνδου κατέχει τη θέση της μιας από τις τρεις δωρικές πόλεις της Ρόδου. Ο βράχος της ακρόπολης που δεσπόζει στην άκρη του οικισμού πλαισιώνεται από δύο όρμους που φιλοξενούσαν τα λιμάνια της αρχαίας πόλης.

Charaki is a small tourist resort, by the wide estuary of a dried river. Ruins of an early Christian basilica, mosaic floors and a sugar mill dated to the period of the knights have been found here.

Next page: Lindos village is one of the three doric cities of Rhodes. The acropolis rock, dominating at the end of the village, is surrounded by two bays that served as ports of the ancient city.

Ο όρμος του Αγίου Παύλου, λιμάνι της αρχαίας πόλης, είναι μια υπέροχη φυσική πισίνα με μικρές αμμουδιές.

The Agios Pavlos bay, a port of the ancient city, is a fantastic natural pool surrounded by small sandy beaches.

Η ιστορία της Λίνδου είναι αποτυπωμένη στο βράχο της ακρόπολης. Τόπος λατρείας από την απώτατη αρχαιότητα, ο βράχος υπήρξε αρχικά αφιερωμένος σε τοπική θεά τη θέση της οποίας πήρε αργότερα η Αθηνά Λινδία. Η μεγάλη στοά, στην είσοδο της ακρόπολης χτίστηκε στα ελληνιστικά χρόνια. Βρίσκεται μπροστά από τα προπύλαια που είχαν χτιστεί στον 5ο αιώνα.

Στο μεσαίωνα, η Λίνδος έγινε έδρα Καστελλανίας, η ακρόπολη οχυρώθηκε με ισχυρό τείχος και επανδρώθηκε με μόνιμη φρουρά. Από την περίοδο εκείνη σώζονται το οίκημα των ιπποτών και η τρίκλιτη βυζαντινή εκκλησία της Παναγίας.

Στο βάθος φαίνεται η παραλία της Λίνδου.

The history of Lindos is displayed on the acropolis rock. A place of worship in antiquity, the rock had been originally devoted to a local goddess, whose place was later taken by Athena Lindia. The great Gallery, in the entrance of the acropolis was built in the Hellenistic period. It is located in front of the Propylaea, built in the 5th century.

In the middle ages, Lindos became the headquarters of Kastellania, the acropolis was fortified with strong walls and a permanent guard was placed there. From that period the building of the knights and the three aisled Byzantine church of Virgin Mary are preserved.

Lindos beach, in the background.

Η είσοδος στο χώρο της ακρόπολης γίνεται από τα μεσαιωνικά οικοδομήματα. Η μεγάλη στοά και η μνημειακή σκάλα των προπυλαίων οδηγούν κλιμακωτά στο ναό της Αθηνάς Λινδίας, που δεσπόζει στο ψηλότερο σημείο της ακρόπολης.

Κάτοψη της τριγωνικής ακρόπολης.

The entrance to the acropolis area is through medieval buildings. The great Gallery and the wide stairs of the Propylaea gradually lead to the temple of Athena Lindia, that dominates on the highest point of the acropolis.

View of the triangular acropolis.

Λαξεύματα αρχαίου λατομείου πέτρας, στο ακρωτήρι του Αγίου Αιμιλιανού, απέναντι από τη Λίνδο.

Δεξιά και επόμενη σελίδα:
Νότια της Λίνδου, βρίσκεται ο όρμος του Αγίου Νικολάου, μια απόμερη παραλία με φαντασμαγορικό βυθό

Ancient stone quarry carvings, on the cave of Agios Aimilianos, across Lindos.

Right and next page: To the south of Lindos, is the bay of Aghios Nikolaos, a remote beach with spectacular seabed.

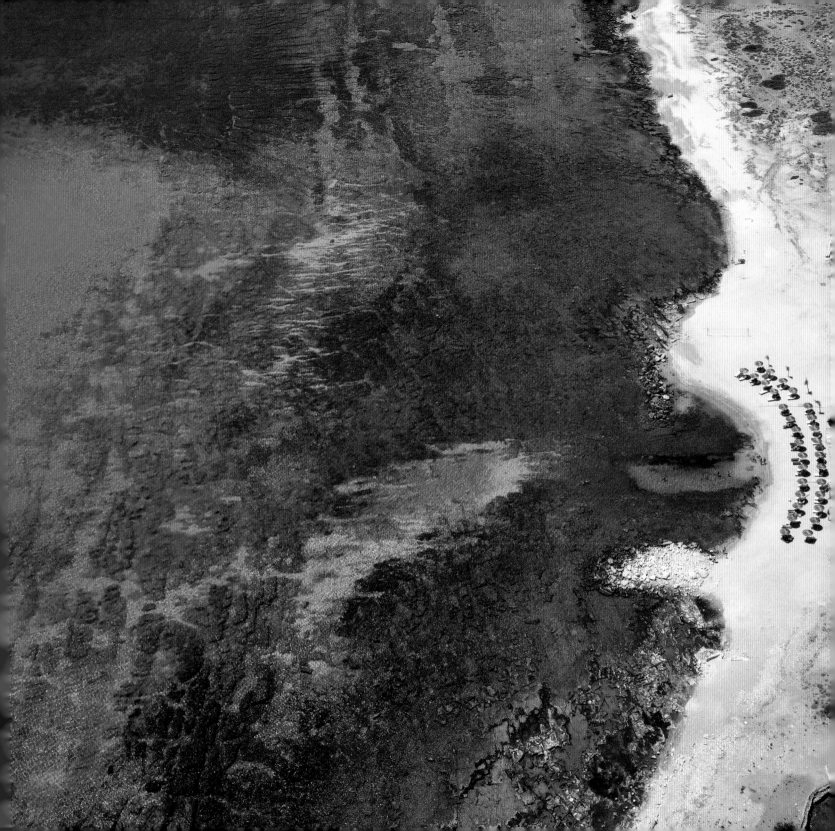

Ο λόφος της Φιλερήμου κατέχει στρατηγική θέση στα νότια της πόλης της Ρόδου, πάνω από τον οικισμό Τριάντα. Εδώ βρισκόταν η ακρόπολη της Ιαλυσού, μιας από τις τρεις δωρικές πόλεις. Πάνω στα ερείπια ναού της Πολιάδος Αθηνάς χτίστηκε αργότερα παλαιοχριστιανική βασιλική.

Σήμερα στο χώρο δεσπόζει το αναστηλωμένο μοναστήρι της Παναγίας Φιλερήμου που χτίστηκε από τους Ιωαννίτες Ιππότες.

The hill of Filerimos holds a strategical position at the south of the city of Rhodes, above the Trianta village.

Here lies the acropolis of Ialysos, one of the three doric cities. An early Christian basilica was built on the ruins of the temple of Athena Polias.

Today the area is dominated by the restored monastery of Panagia Filerimos, built by the Knights of Saint John.

Η κεντρική πλατεία της Ιαλυσού (Τριάντα).

Ο ναός της Κοίμησης της Θεοτόκου στα Τριάντα κτίστηκε το 1756 στο χαρακτηριστικό για τις μεταβυζαντινές εκκλησίες της Δωδεκανήσου τύπο της σταυροθολιακής βασιλικής. Ο αρχιτεκτονικός αυτός τύπος πρωτοεμφανίστηκε στην πόλη της Ρόδου, στη συνέχεια εξαπλώθηκε σε όλο το νησί, στα υπόλοιπα Δωδεκάνησα καθώς και στη Μικρά Ασία.

The central square of Ialysos (Trianta).

The temple of the Dormition (Koimisis tis Theotokou) at Trianta was built in 1756 in the typical of post-Byzantine groin vaulted churches of the Dodecanese. This architectural style appeared in the city of Rhodes for the first time, and then expanded on the entire island, the Dodecanese and Asia Minor.

Οι ανεμόδαρτες δυτικές ακτές της Ρόδου προσελκύουν τους έμπειρους λάτρεις της ιστιοσανίδας και του kite-surf.

The windy west coasts of Rhodes attract the experienced fans of surfing and kite-surf.

Έργα αντιδιαβρωτικής προστασίας στις δυτικές ακτές του νησιού.

Erosion protection works on the west coasts of the island.

Στην Κάμιρο, μια από τις τρεις πόλεις-κράτη που ίδρυσαν οι Δωριείς στη Ρόδο, ανήκε το δυτικό και κεντρικό τμήμα του νησιού. Η ευημερία της στηρίχθηκε στη γεωργική παραγωγή που της εξασφάλιζαν οι γύρω εύφορες περιοχές. Στον αρχαιολογικό χώρο σώζονται κυρίως λείψανα της ελληνιστικής και ρωμαϊκής εποχής. Η πόλη είναι χτισμένη με ιπποδάμεια ρυμοτομία με την αγορά και τους ναούς στο κάτω μέρος, τις οικίες στο μέσον και την ακρόπολη στο πάνω μέρος. Κεντρική οδός συνδέει την αγορά με την ακρόπολη.

Kamiros, one of the three city-states founded by the Dorians in Rhodes, owned the west and central part of the island. Its prosperity was based on the agricultural production of the surrounding fertile regions.
Ruins mainly of the Hellenistic and Roman period are preserved in the archaeological site. The city is built in accordance to the Hippodameian urban planning, with the market and the temples at its bottom section, the residences in the middle and the acropolis on the top section. A central road connects the market to the acropolis.

Το πυκνοδασωμένο βουνό του Προφήτη Ηλία υψώνεται πάνω από τον οικισμό Σάλακο. Κοντά στην κορυφή, δίπλα στο μοναστήρι του Προφήτη Ηλία, έχτισαν οι Ιταλοί στο Μεσοπόλεμο δύο αλπικού τύπου σαλέ, θέρετρα αξιωματούχων, επονομαζόμενα Έλαφος και Ελαφίνα.

Ο ανακαινισμένος σήμερα Έλαφος, με τις σοφίτες και τα ξύλινα μπαλκόνια, λειτουργεί ως ξενοδοχείο.

The mountain of Profitis Ilias with its dense forest, raises over village Salakos. Near the top, next to the monastery of Profitis Ilias, in the interwar period the Italians built two alpine-type chalets, resorts for the officials, and called them Elafos and Elafina (Male and Female Deer).

The restored Elafos, with the lofts and the wooden balconies, today operates as a hotel.

Το μεσαιωνικό κάστρο της Κρητηνίας (γνωστό και ως Κάστελλος) κατοπτεύει τις γύρω θάλασσες.

The medieval castle of Kretenia (also known as Kastellos) has a view of the surrounding sea.

Ο Ατάβυρος, το πιό ψηλό βουνό της Ρόδου φθάνει τα 1216μ. Χτισμένη στις δυτικές υπώρειές του, η Εμπωνα είναι τριγυρισμένη από αμπελώνες. Στο βάθος διακρίνονται το βουνό Ακραμίτης και το ακρωτήρι Αρμενιστής.

Atavyros, the highest mountain of Rhodes is 1216m high.
Built on its west slopes, Ebona is surrounded by vineyards.
Mount Akramitis and cape Armenistis are seen in the background.

Αμπελώνες και δάσος με κυπαρίσσια, στη δυτική πλευρά του Ατάβυρου.

Στην κορυφή του Ατάβυρου είναι ορατά τα λείψανα ναού του Αταβύριου Διός.

Vineyards and a cypress forest, on the west side of Atavyros.

On the top of mountain Atavyros the ruins of the temple of Atavyrios Dias (Zeus) are still visible.

Η τεχνητή λίμνη του Γαδουρά, που θα τροφοδοτεί με νερό την πόλη της Ρόδου, καταλαμβάνει μεγάλη έκταση στη λοφώδη περιοχή ανατολικά του Ατάβυρου.

The artificial lake of Gadouras, that will provide the water supply to the city of Rhodes, takes over a large area on the hilly region to the east of Atavyros.

Το Κάστρο της Μονόλιθου, αληθινή αετοφωλιά, είναι χτισμένο σε μαγευτική τοποθεσία.

Ο πευκόφυτος Ακραμίτης είναι το δεύτερο σε ύψος βουνό της Ρόδου, με κορυφή στα 823μ. Ψηλά στην κοιλάδα που οδηγεί στην κορυφή υπάρχει παλιό μοναστήρι του Αη Γιάννη του Αρταμίτη.

The Castle of Monolithos, a true eagle's nest, is built on an exquisite location.

Pine-clad Akramitis is the second highest mountain of Rhodes, with a peak at 823m. High on the valley leading to the top, we find the old monastery of Ai Giannis Artamitis.

Τοπία της ενδοχώρας στη νότια Ρόδο, Στο βάθος διακρίνονται ο Μεσαναγρός και η τεχνητή λίμνη της Απολακκιάς.

Καλλιέργειες κοντά στη Μονόλιθο.

Landscapes from the mainland in south Rhodes; in the background Messanagros and the artificial lake of Apolakkia are discerned.

Orchards near Monolithos.

Το Ασκληπειό, φωλιασμένο στη λοφώδη ενδοχώρα της νότιας Ρόδου, με
το ερειπωμένο βυζαντινό του κάστρο.

Asklepio, nested in the hilly mainland with its deserted Byzantine castle.

Ακρογιάλια γεμάτα χάρη και παιχνιδίσματα στη νοτιανατολική Ρόδο.
Αριστερά, ορμίσκος ανάμεσα στους Πεύκους και το Κιοτάρι.
Δεξιά, φυσικό λιμανάκι στο Κιοτάρι.

Επόμενη σελίδα: Κεφαλοχώρι της Νότιας Ρόδου, απλωμένο μέσα στον εύφορο κάμπο του, το Γεννάδι κρατιέται σε απόσταση από την απέραντη παραλία του.

Beautiful beaches in south-east Rhodes.
To the left, a small bay between Pefkoi and Kiotari.
To the right, natural harbour at Kiotari.

Next page: A main village of South Rhodes, located in its fertile plain, Genadi, is kept at some distance from its vast beach.

Νοτιότερο χωριό της Ρόδου, η Κατταβιά κρατά το παραδοσιακό της ύφος. Ξεχωρίζουν η Αγία Παρασκευή, κεντρική εκκλησία του χωριού, και δεξιά στο χώρο του κοιμητηρίου η Παναγιά η Καθολική, 14ου -15ου αιώνα.

Ξωκλήσι και ανεμόμυλος, νότια της Κατταβιάς.

The southern village of Rhodes, Kattavia, maintains its traditional style. Special mention needs to be made to the central church of the village, Agia Paraskevi, and to the right in the cemetery area, Panagia Katholiki, of the 14th -15th century.

Chapel and windmill, south to Kattavia.

Ο Αγιος Μάρκος σηματοδοτεί τη θέση εγκαταλελειμμένου γεωργικού συνοικισμού που είχαν ιδρύσει οι Ιταλοί κοντά στην Κατταβιά.

Αγνωστες και δυσπρόσιτες, οι εξωτικές παραλίες Αγιος Γεώργιος και Μαύρος Κάβος, με τους αμμόλοφους και τα διάφανα τυρκουάζ νερά.

Agios Markos is the landmark of an abandoned agricultural village, founded by the Italians near Kattavia.

Unknown and hard to access, the exotic beaches Agios Georgios and Mavros Kavos, with their sand dunes and the crystal turquoise waters.

Στη νότια άκρη του Πρασονησιού, στέκει ο φάρος που κατασκευάστηκε το 1890 από τη Γαλλική Εταιρεία Φάρων.

Εκεί όπου οι ακτές της Ρόδου συναντούν το ορμητικό Καρπάθιο, ο αέρας και τα κύματα στήνουν τρελό χορό. Μαζί τους χορεύουν δεκάδες πολύχρωμα αλεξίπτωτα κι ακόμα πιο πολλές ιστιοσανίδες. Εκεί, στον ισθμό του Πρασονησιού που τα κύματα άλλοτε το ενώνουν κι άλλοτε το ξεκόβουν από τη στεριά - ανάλογα με το πως στοιβάζουν την άμμο.

Επόμενη σελίδα: Μεταξύ της Ρόδου και της Χάλκης που υψώνεται μεγαλόπρεπη στο βάθος του ορίζοντα, υπάρχει σειρά νησίδων ακατοίκητων, η Μακρή, η Στρογγυλή, η Ατράκουσα, η Πρασούα, ο Αις Θόρος, το Μαϊλονήσι, η Σφύρα, η Τσούκα, η Νίππουρη, ο Κολόφωνας, το Κρεββάτι και η μεγαλύτερη απ'όλες, η Αλιμνιά.

At the south edge of Prassonisi, stands the lighthouse, built in 1890 by the French Lighthouse Company.

Where the shores of Rhodes meet the violent Karpathian sea, the wind and waves are protagonists. They are only joined by dozens of colourful parachutes and even more surf boards. Right there, at the canal of Prassonisi, where waves sometimes connect it and on other occasions cut it of from the land - depending on how the sand is piled.

Next page: Between Rhodes and Chalki that looks majestic in the background, there is a series of uninhabited islets: Makri, Stroggyli, Atrakousa, Prasoua, Ais Thoros, Maylonisi, Sfyra, Tsouka, Nipouri, Kolofonas, Krevvati and the largest of all, Alimnia.

Το μεσαιωνικό κάστρο της Αλιμνιάς, όπως και το ελληνιστικό που πρϋπήρχε στην ίδια θέση, στέκει κοντά στην ψηλότερη κορφή του νησιού, διαχρονικό παρατηρητήριο του όρμου και των γύρω θαλασσών.

Η Αλιμνιά (αρχαία Ευλίμνια) είναι προικισμένη με ευρύχωρο φυσικό λιμάνι. Η χρήση του από τα αρχαία χρόνια επιβεβαιώνεται από τα λαξευμένα στο βράχο νεώρια, δίπλα στο εκκλησάκι του Αγίου Μηνά. Σήμερα το νησί είναι ακατοίκητο.

The medieval castle of Alimnia, built on the ruins of the Hellenistic that existed on the same location before, stands near the highest peak of the island, a diachronic observatory of the bay and the surrounding sea.

Alimnia (ancient Evlimnia) has a spacious natural harbour. Its use since antiquity is evidenced by the shipyards carved on the rock, next to the chapel of Aghios Minas. Today, the island is uninhabited.

Ο Εμπορειός, λιμάνι και μοναδικός σήμερα οικισμός της Χάλκης, δημιουργήθηκε στα μέσα του 19ου αιώνα και μέχρι τις αρχές του 20ου αιώνα βρισκόταν σε ακμή χάρις στη σπογγαλιεία και το εμπόριο των σφουγγαριών.

Τα πλατυμέτωπα σπίτια με τα συμμετρικά ανοίγματα και την κεραμοσκεπή συνθέτουν με τη σχετική τους ομοιομορφία ένα ιδιαίτερα αρμονικό οικιστικό σύνολο. Ο Εμπορειός είναι διατηρητέος οικισμός.

Emporeios, port and the only village of Chalki today, was created in the mid 19th century and till the early 20th century was flourishing thanks to sponge fishing and sponge trading.

The houses of the wide façades with the symmetrical openings and the tiled roof, in their relative uniformity make up a particularly harmonious village set. Emporeios is a preservable village.

Οι αμμουδιές του Πόνταμου είναι οι πιο πολυσύχναστες παραλίες της Χάλκης. Στο βάθος αριστερά φαίνεται το κοιμητήριο με την εκκλησία του Αγίου Σουλά.

Δυτικότερα, προβάλλει η χερσόνησος της Τραχειάς, με δυο μικρές αμμουδιές τους στο λαιμό της, τη Φλέα και τις Λίμνες.

The sandy beaches of Pontamos are the most popular on Chalki.

To the west, appears the peninsula of Tracheia, with two small beaches at its canal, Flea and Limnes.

Ως το 19ο αιώνα, κύριος οικισμός του νησιού ήταν το Χωριό, χτισμένο στα πόδια του Κάστρου, σε θέση που δεν είναι ορατή από τη θάλασσα. Το Κάστρο χτίστηκε από Ιππότες της Ρόδου, κατά τον 15ο αιώνα, πάνω σε λείψανα αρχαίας ακρόπολης. Μέσα στον οικισμό σώζονται αρκετές βυζαντινές και μεταβυζαντινές εκκλησίες οι περισσότερες ερειπωμένες και δυσδιάκριτες. Στο μέσον του Χωριού όμως ξεχωρίζει η ασβεστωμένη Παναγιά η Χωριανή, δίπλα σε πανύψηλο κυπαρίσσι.
Στο βάθος, πέρα από τη λιόφυτη κοιλάδα διακρίνουμε τον Εμπορειό και τη νησίδα Νήσσο, φυσικό κυματοθραύστη του λιμανιού της Χάλκης.

Until the 19th century, the main village of the island was Chorio, built at the foothill of the Kastro, on a location invisible from the sea. Kastro was built by the Knights of Rhodes, in the 15th century, over the ruins of the ancient acropolis. In the village several Byzantine and post-Byzantine churches are preserved, yet most of them deserted and obscure. In the middle of Chorio one can't fail but notice the whitewashed Panagia Choriani, next to a very high cypress.
In the background, beyond the valley of olive trees, we can see Emporeios and the islet Nissos, a natural breakwater of the Chalki port.

Ο Αις Γιάννης ο Αλάργα είναι το πιο φημισμένο μοναστήρι - προσκύνημα της Χάλκης. Βρίσκεται στη δυτική πλευρά του νησιού κοντά στις εύφορες λεκάνες του Ξερόκαμπου και των Κοίλων. Αριστερά, στο τέλος ανηφορικού δρομίσκου, διακρίνεται το εκκλησάκι της Παναγίας Εννιαμερίτσσας.

Το εσωτερικό του νησιού είναι κατάσπαρτο από παλιούς πυρήνες κατοίκησης, καθένας με το εκκλησάκι, τις μάντρες και τις "κύφες" του, όπως αποκαλούν τις μεσαιωνικές καλύβες της Χάλκης. Εδώ, ο Άγιος Γεώργιος ο Κοκκενός, μια από τις 50 περίπου βυζαντινές εκκλησίες που έχουν καταγραφεί στο νησί.

Ais Giannis Alarga is the most famous monastery - pilgrimage of Chalki. It is located on the west side of the island near the fertile plains of Xerokampos and Koila. To the right, at the end of the uphill pathway one can see the chapel of Panagia Enniameritissa.

The mainland of the island is full of medieval hamlets, each one with its chapel, paddocks and huts. A view of Agios Georgios Kokkenos, one of the approximately 50 Byzantine churches recorded on the island.

Οι παραλίες της Χάλκης είναι λίγες, δυσπρόσιτες αλλά εξαιρετικές, με βαθιά κρυστάλλινα νερά και στρωμένες με ψιλό λευκό βότσαλο. Βρίσκονται συνήθως στο βάθος κάποιου μικρού όρμου.
Αριστερά, η περίφημη Αρέτα και δεξιά ο ένας από τους Δυό Γιαλούς, όπου βρίσκεται ένα μισογκρεμισμένο ασβεστοκάμινο.

The beaches of Chalki are very few and hard to access, but really exquisite. Usually they are in some small bay with deep crystal waters and fine white pebbles.
To the left the famous Areta and to the right one of the Dyo Yaloi, where a lime kiln lies half-ruined.

Ο κύριος οικισμός της Σύμης, στην πραγματικότητα δύο οικισμοί που με την πάροδο του χρόνου συνενώθηκαν, δημιουργεί μια υπέροχη σκηνογραφία στους ήπιους λόφους που περιβάλλουν το λιμάνι της. Με αρχικό πυρήνα την Ανω Πόλη ή Χωριό γύρω από το Μεσαιωνικό Κάστρο, ο οικισμός επεκτάθηκε - όταν οι συνθήκες το επέτρεψαν - και στο επίνειό του, το Γιαλό. Η αρχιτεκτονική των σπιτιών συγκεράζει παραδοσιακά μορφολογικά στοιχεία με νεοκλασικές επιδράσεις.

The main village of Symi, in fact two villages who gradually were unified, created a fantastic scenery on the mild hills surrounding its port. With Ano Poli or Chorio around the Medieval Castle as the original core, the village expanded - when circumstances allowed it - to its seaport too, Gialos. Its architectural design combines simple traditional morphological elements with neoclassical influences.

Νεοκλασικά σπίτια στο Γιαλό.

Το κάποτε ανθηρό ναυπηγείο στο Χαράνι. Υπολογίζεται ότι στις αρχές του 20ου αι. η Σύμη είχε πάνω από 600 πλοία (σφουγγαράδικα, αλιευτικά και εμπορικά).

Neoclassical houses at Gialos.

The once flourishing shipyard at Charani. It is estimated that in the early 20th c. Symi had more than 600 ships (sponge fishing, fishing and commercial).

Συστάδα σπιτιών στην Άνω Πόλη, κάτω από τους ανεμόμυλους.

Η ενδοχώρα του νησιού είναι σπαρμένη ξωκλήσια και μικρά μοναστηράκια, τα περισσότερα περιποιημένα, όπως το εικονιζόμενο της Ζωοδόχου Πηγής, πάνω από το Πέδι.

Cluster of houses in Ano Poli, under the windmills.

The mainland of the island is full of chapels and small monasteries, most of them nicely looked after, like the one in the picture of Zoodochos Pigi, over Pedi.

Η νησίδα της Αγίας Μαρίνας, με το ομώνυμο εκκλησάκι, ανάμεσα στο Πέδι και το Γιαλό.

Στην παραλία του Αη Γιώργη του Δυσάλωνα φθάνει κανείς μόνο από τη θάλασσα. Ο τεράστιος κάθετος βράχος της έχει γίνει τα τελευταία χρόνια δημοφιλές αναρριχητικό πεδίο.

The islet of Aghia Marina, with the chapel of Aghia Marina, bewteen Pedi and Gialos.

One can only get to the beach of Ai Giorgis Disalonas by sea. The massive vertical rock of the beach has lately become a popular climbing field.

Πάνορμους χαρακτήριζαν οι αρχαίοι τους όρμους που παρείχαν ασφάλεια ελλιμενισμού "παντός καιρού". Τέτοιος είναι και ο όρμος του Πανορμίτη, προσωνύμιο της Μονής του Ταξιάρχη Μιχαήλ της Σύμης. Η Μονή του Πανορμίτη είναι ένα από τα μεγαλύτερα προσκυνήματα του Αιγαίου με διεθνή - τουλάχιστον στο παρελθόν - ακτινοβολία, αφού στις αρχές του 19ου αιώνα, έφθαναν εδώ αφιερώματα ακόμα κι από την Αγία Ρωσία. Αξίζει να σημειωθεί ότι το καμπαναριό της μονής μοιάζει με αυτό της Λαύρας (μονής) του Αγίου Σεργίου, κοντά στη Μόσχα.

"Panormos" to the ancients were the bays that provided safety of docking for "all weather". One of these is the bay of Panormitis, a name attributed to the monastery of Taxiarchis Michael of Symi. The Monastery of Panormitis is one of the greatest pilgrimages in the Aegean with international - at least in the past - acclaim, since in the early 19th century, offerings from Russia used to get here. It is worth noting that the steeple of the monastery resembles to the one of Lavra of Aghios Sergios, near Moscow.

Πλήθος νησίδων και βραχονησίδων ποικίλουν την ακτογραμμή της Σύμης. Αριστερά, οι αποκαλούμενες "Διαβατές" που μοιάζουν να διαβαίνουν το στενό ανάμεσα στη Σύμη και τη νησίδα Γιαλεσίνα. Δεξιά, ο Αις Μιλιανός που τον συνδέει μια στενή λωρίδα γης με τη στεριά.

A multitude of islets and rocks form the coastline of Symi. To the left, the so called "Diavates" that look as if walking in the passage between Symi and Gialesina. To the right, Ais Milianos is connected with the land by only a narrow strip of land.

Εκκλησία της Ανάληψης με τα προσκτίσματά της στην Άκρα Μακριά, το βορειότερο ακρωτήρι της Σύμης.

The Church of Analipsis with its additional buildings at Akra Makria, the northern cape of Symi.

Το μικρό νησάκι Νίμος, στα βόρεια της Σύμης, είναι ακατοίκητο. Ζωντανεύει όμως κάθε χρόνο στις 23 Αυγούστου στο πανηγύρι της Παναγίας Υπακοής.

The small islet Nimos, to the north of Symi, is uninhabited. However it comes to life every year on the 23rd of August for the fair of Panagia Ypakoi.

Φωτογράφος-εκδότης: Πηνελόπη Ματσούκα
Photographer - publisher: Penelope Matsouka

Γλάρος: Νίκος Βυργιώτης
Seagull: Nikos Virgiotis

Επιμέλεια - Σχεδιασμός: Color Network Mov. ΕΠΕ.
Cataloque Design: Color Network ltd.

Επεξεργασία εικόνων: Παναγιώτης Γρηγοριάδης
Picture editing: Panagiotis Grigoriadis

Εκτύπωση: Βιβλιοσυνεργατική Α.Ε.Π.Ε.Ε.
Printing: Vivliosynergatiki S.A.

Παραγωγή: εκδόσεις Ανάβαση, Καλλιδρομίου 17, 10680 Αθήνα
τηλ/φαξ: 2103210152, e-mail: editions@anavasi.gr
Production: Anavasi editions, 17, Kallidromiou str., 10860 Athens
Tel/Fax: 2103210152, www.anavasi.gr